*Nous remercions pour leur relecture précieuse Damien Rio,
producteur de légumes et de fruits rouges, Jean-Marie Aubert,
agriculteur et éleveur, et Yves Luchetti, paysan boulanger.
Merci également à Thérèse Pouil, qui nous a permis de
représenter « l'Olivoile », réceptacle à olives (p. 76).*

L'imagerie de la ferme

Conception :
Émilie Beaumont

Textes :
Marie-Renée Guilloret

Illustrations :
Sandrine Lamour

FLEURUS

FLEURUS ÉDITIONS, 15-27, rue Moussorgski, 75018 PARIS
www.fleuruseditions.com

LES TYPES DE FERME

L'AGRICULTURE BIOLOGIQUE

Toutes les fermes ne se ressemblent pas : l'agriculteur peut choisir entre la culture dans les champs, l'élevage, la plantation de vergers…

*1. Les vaches passent l'hiver à l'**étable**. Ici, des panneaux solaires sont installés sur le toit. Ils produisent l'électricité.*

*2. La **salle de traite**, où l'on trait les vaches pour recueillir le lait, se trouve près de l'étable.*

*3. Dans le **poulailler**, on élève la volaille.*

*4. Les **champs** sont les terres cultivées : on y sème par exemple le blé, ou on y plante les betteraves, etc.*

*5. Ce grand jardin, c'est l'espace pour les **cultures maraîchères** : la salade, les fines herbes, etc.*

Dans une ferme bio, l'agriculteur utilise des engrais naturels comme le compost. Les cultures sont variées pour ne pas épuiser la terre. Il peut aussi élever quelques animaux en plein air.

*6. Le **fumier** est le mélange de paille et de déjections d'animaux. Il est transformé en **compost** avant d'être répandu dans les champs comme engrais.*

*7. Les **haies** séparent les champs et les prés. Elles produisent le bois pour le chauffage, protègent du vent, donnent de l'ombre aux animaux, empêchent l'eau de pluie de s'écouler trop vite.*

*8. La paille, le foin et les céréales sont stockés dans la **grange**.*

*9. De grandes **prairies** servent de pâturage aux animaux.*

*10. Dans ce **verger**, les pommiers sont plantés bien espacés les uns des autres.*

LE MÉTIER DE CULTIVATEUR ET DE CULTIVATRICE

Les cultivateurs sont des chefs d'entreprise qui savent organiser leur activité en fonction des saisons et de la nature des sols qu'ils cultivent.

Le cultivateur travaille au rythme des saisons : labourer, semer, récolter… Il entretient les haies qui bordent les prés. Il veille au bon fonctionnement des machines agricoles, qu'il partage souvent avec ses collègues.

Le cultivateur choisit ses cultures, achète les semences et le matériel, vend ses productions. Il travaille avec des techniciens qui le conseillent.

LE MÉTIER D'ÉLEVEUR ET D'ÉLEVEUSE

L'éleveur et l'éleveuse vendent parfois les animaux dès leur naissance. Ils peuvent aussi les élever pour vendre leurs œufs, leur lait ou leur viande.

L'éleveur prend soin des animaux. S'il élève des vaches, des brebis ou des chèvres, il les trait matin et soir.

Il cultive parfois les terres pour nourrir ses bêtes. Il fait du foin avec l'herbe, ramasse la paille pour la litière.

L'éleveur a beaucoup de travail pour gérer le suivi des animaux. Tout comme le cultivateur, il s'occupe également de la comptabilité de son entreprise. Il doit aussi connaître les nouvelles technologies qui ont transformé les méthodes de production ces dernières années.

À LA FERME-CUEILLETTE

Chacun peut venir à la ferme-cueillette pour y ramasser des fruits, des légumes, et même des fleurs.

La cueillette commence : chacun prend un sac, un panier ou une brouette. Le fermier prête des bêches pour déterrer pommes de terre et carottes, et des sécateurs pour couper les tiges des fleurs.

Si besoin, on passe les produits sous l'eau à l'aire de lavage. Puis on va peser la cueillette avant de payer.

On peut acheter un panier préparé par le fermier. Il contient un assortiment des produits récoltés dans la semaine.

UNE EXPLOITATION AGRICOLE CONNECTÉE

L'agriculture fait de plus en plus appel à des robots, au GPS et à de multiples applications téléchargées sur les smartphones.

Dans cette ferme, c'est un robot qui fait la traite. Il reconnaît une vache dès qu'elle se présente et les trayons se placent précisément sur son pis. Quand il n'y a plus de lait, le robot s'arrête. Sur un ordinateur, l'éleveur contrôle la quantité de lait qui a été tirée.

Il existe des robots qui nettoient l'étable ou la porcherie.

La nourriture peut aussi être distribuée par une machine.

Des robots sont parfois utilisés dans les champs pour éliminer les mauvaises herbes. Des capteurs placés sur les plantations récoltent des informations qui sont transmises à distance à un ordinateur.

Depuis son bureau, l'agriculteur consulte sur son ordinateur la météo, les cours du marché et analyse les données collectées. Au milieu du champ, équipé de sa tablette ou de son smartphone, il reste connecté.

Le drone, petit avion sans pilote, survole les cultures pour cibler la zone à désherber ou celle qui a besoin d'engrais.

Le tracteur est guidé par GPS : son trajet est calculé au plus juste pour le labour, les semences ou les traitements.

DES FERMES EN VILLE

De nos jours, de plus en plus de personnes habitent en ville et un nouveau type d'agriculture se développe pour nourrir cette population.

© FUL - Ferme Urbaine Lyonnaise

Voici un projet de ferme « verticale », comme il en existe déjà à Singapour, au Japon ou aux États-Unis. Ici, légumes et fruits sont installés sur différents étages dans un bâtiment clos situé en plein centre-ville. Ils poussent en toutes saisons grâce à la lumière des Leds, et sous n'importe quel climat, car la qualité de l'air, de l'eau et la température sont soigneusement contrôlés.

© Lee Dongjin, Park Jinkyu, Lee Jeongwoo

Ici, on imagine élever du bétail à l'intérieur de la ville. Les vaches pourraient brouter sur les terrasses-prairies de cet immeuble circulaire ! Après un mois passé à brouter le même pâturage, elles changeraient d'étage et d'autres animaux, comme des poules, pourraient venir picorer à leur place.

Les « fermes urbaines », souvent installées dans des bâtiments fermés, permettraient de faire pousser toute l'année des fruits ou des légumes à proximité des clients, limitant ainsi les besoins en transport.

© La Fabrique agricole-SOA Architectes

D'autres projets de fermes urbaines voient le jour. On pense à cultiver des fruits ou des légumes sur les toits des immeubles, dans des bâtiments-jardins ou dans des espaces au sol entre les habitations. L'agriculteur urbain pourra ainsi vendre directement ses productions aux habitants du quartier.

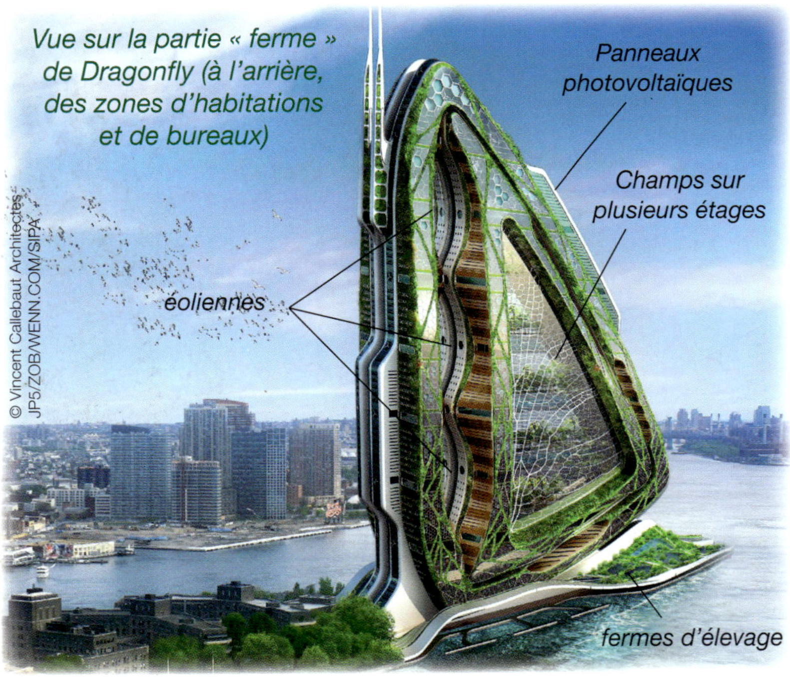

Vue sur la partie « ferme » de Dragonfly (à l'arrière, des zones d'habitations et de bureaux)

© Vincent Callebaut Architectes JP5/ZOB/WENN.COM/SIPA

Dragonfly est un projet d'immeuble en forme d'aile de libellule qui s'élèverait à New York, aux États-Unis. Il se diviserait en 3 parties : bureaux, habitations et fermes. Une grande serre entourerait des champs de céréales, de tomates et de pommes de terre disposés sur plusieurs étages. À la base du bâtiment, on élèverait des animaux. L'électricité serait fournie par des panneaux photovoltaïques et des éoliennes.

LES CULTURES

SOIGNER LA TERRE AVEC DU COMPOST

Le fumier est un mélange de paille, de bouse et d'urine de vache. Laissé à l'air libre, il va se transformer en compost.

Un système de chaînes et de racleurs entraîne le fumier hors de l'étable. À l'aide d'un chargeur à godet, on charge le fumier dans l'épandeur.

Le fumier est ensuite déposé par l'épandeur en larges bandes régulières : les andains. Ainsi, il sera plus facile à retourner.

Le compost est donc un engrais naturel. Il sera déversé à la surface des prairies et des champs avant les labours et les semailles afin de bien nourrir la terre. Grâce à lui, les plantes pousseront mieux.

Le fumier est ensuite brassé à l'aide du retourneur d'andains. Il faudra recommencer cette manœuvre six semaines plus tard. Avec l'action de l'air, le fumier devient très chaud. Les microbes et les vers s'y multiplient et le transforment en compost.

Ce compost est alors à son tour chargé dans l'épandeur. Puis il est répandu sur les champs.

PROTÉGER LES CULTURES AVEC DES PRODUITS CHIMIQUES

Des produits sont parfois utilisés pour détruire les champignons et les mauvaises herbes ou éliminer les insectes qui dévorent les cultures.

Le pulvérisateur est attelé au tracteur. Le produit ne doit pas se disperser hors du champ. C'est pourquoi l'agriculteur travaille quand il n'y a pas trop de vent.

PROTÉGER LES CULTURES AVEC DES INSECTES

Si une plante est attaquée par un insecte, on peut, au lieu d'utiliser des produits chimiques, introduire un autre insecte qui mangera le premier.

Les pucerons sucent la sève des plantes et produisent des plaies. Ils sécrètent ensuite une substance sucrée et gluante, le miellat. Un champignon finit par se développer sur le miellat. Il peut entraîner la mort de la plante.

Pour éviter de tels ravages, on dépose sur la plante un insecte mangeur de pucerons, comme la coccinelle, qui en dévore jusqu'à une centaine par jour, ou bien sa larve, qui en mange encore plus ! Parfois, on emploie aussi le syrphe et le perce-oreille.

LE TRACTEUR

On trouve cet engin dans toutes les fermes. On y attelle les outils qui servent au travail de la terre, ou encore de lourdes remorques.

*La nuit, ou lorsqu'il fait mauvais temps, les **phares** éclairent la surface à travailler.*

*Les gaz qui s'échappent du moteur sont évacués par la **cheminée d'échappement**.*

*Le **lest**, ou contrepoids, permet au tracteur d'être stable même quand il est alourdi par les outils qui y sont attelés.*

*Les **roues** avant, plus petites que les roues arrière, dirigent le tracteur.*

*Le **pneu** est monté autour d'un cercle métallique, la jante.*

Les sculptures sur le pneu permettent de bien agripper la terre, sans s'enfoncer.

Certains tracteurs peuvent aujourd'hui se diriger tout seuls. L'agriculteur entre dans l'ordinateur la trajectoire voulue et il laisse faire l'engin ! Il peut se concentrer sur d'autres activités, comme surveiller l'outil attelé.

*Le **garde-boue** protège le tracteur des projections de boue.*

*Pour monter dans la cabine, on utilise le **marchepied**.*

Les roues arrière, motrices, donnent la puissance nécessaire pour avancer.

Depuis la cabine, le conducteur, confortablement assis, dirige le tracteur. Il manœuvre avec une grande précision les outils qu'il a attelés pour travailler la terre.

Le tracteur peut être équipé d'une console avec un écran. Le conducteur programme les manœuvres. Pour son confort, il règle la climatisation, l'éclairage, ou encore la radio. Grâce au GPS, il reçoit des images montrant les cultures des champs. Il repère les endroits où les cultures ne poussent pas bien et où il faut épandre de l'engrais, une poudre riche en produits qui nourrissent les plantes.

Lorsqu'il attelle de lourds outils au tracteur, l'agriculteur gonfle les pneus à la bonne pression. Il ajoute du lest (du poids) pour que l'engin soit stable et ne patine pas.

Pour atteler les machines au tracteur, on les équipe d'un anneau qui sera accroché au crochet d'attelage (1).

Le bras de relevage (2) permet de lever les outils ou de les abaisser.

Le bras de traction (3) tire les outils attelés au tracteur.

On peut atteler différents types d'engins au tracteur :

une remorque

une presse

une herse

une charrue

LES LABOURS

Avant de semer, le cultivateur prépare la terre des champs. Lorsqu'il laboure, il attelle au tracteur un engin qui va retourner la terre : la charrue.

Les socs de la charrue retournent le sol profondément. Les différentes couches de terre sont mélangées. Les déchets de la récolte précédente sont enfouis et les mauvaises herbes tarderont à repousser.

Après le labour, l'agriculteur attelle une herse au tracteur. Parfois, il choisit de travailler la terre seulement en surface et utilise d'autres engins.

La charrue a retourné la terre en profondeur et a laissé de grosses mottes de terre. Une sorte de peigne géant, la herse, va ratisser le sol. Il en existe différentes sortes.

Ici, la terre n'a pas été retournée par la charrue. L'agriculteur préfère employer le vibroculteur, qui mélange à la terre les déchets de la dernière récolte. Le travail se fait en surface, sans toucher aux couches de terre plus profondes.

LES CULTURES SANS LABOUR

Le travail de la charrue perturbe l'équilibre du sol et les organismes qui y vivent. C'est pourquoi certains agriculteurs décident de ne pas labourer.

Au lieu de labourer, l'agriculteur sème des plantes (trèfle, moutarde, etc.) qui nourrissent la terre et favorisent la venue des vers de terre. En creusant leurs galeries, ceux-ci brassent la terre et font le même travail que la charrue.

Les plantes qui recouvrent le sol le protègent du soleil, du vent et de la pluie. Après la floraison, le déchaumeur coupe les plantes et les mélange à la première couche de terre. Après plusieurs passages, la terre est prête pour les semailles.

SEMER LES GRAINES

Quand la terre est prête à recevoir les graines, on attelle au tracteur un semoir, qui va déposer les graines dans le sol.

Ci-contre : on charge les graines dans la trémie.

Ici, l'agriculteur n'a pas labouré en profondeur. Le semoir dégage une ligne de semis sur une terre encore recouverte de débris de végétaux.

1. Le disque ouvreur creuse un sillon dans la terre.

2. Les graines descendent par les tuyaux. La roue (en rouge) commande la profondeur du sillon.

3. La roue de fermeture du sillon recouvre les graines avec la terre.

LA MOISSONNEUSE-BATTEUSE

Moissonner, c'est couper et récolter la plante quand son grain et sa tige sont mûrs et secs. Le blé est moissonné en juillet ou en août.

La plate-forme de coupe est attelée à l'avant. La barre de coupe sert à couper les tiges de blé. Le conducteur règle sa hauteur.

La moissonneuse est aussi batteuse : elle bat le blé et sépare les grains de leur tige. Quand la tige sèche, elle devient de la paille. Parfois, on la réduit en miettes.

Depuis la cabine, le conducteur manœuvre la moissonneuse. Grâce aux écrans, il peut surveiller les différentes étapes du travail.

Les grains de blé remontent
dans le tube de déchargement
et tombent dans une remorque.

1. De chaque côté de la moissonneuse, un **diviseur** délimite la largeur de coupe.

2. Le **rabatteur** pousse les tiges coupées vers le convoyeur.

3. Le **convoyeur** envoie les tiges vers les batteurs.

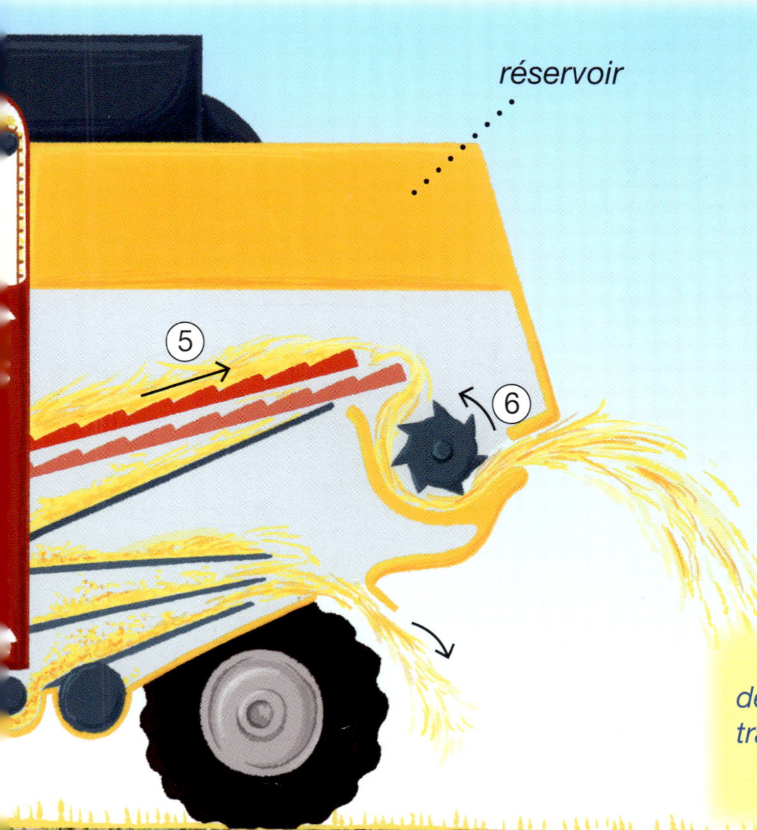

4. Les **batteurs** séparent les grains des épis.

5. Les **peignes secoueurs** libèrent les derniers grains.

6. L'**éparpilleur de paille** rejette la paille à l'arrière de la machine. Parfois, la paille n'est pas récoltée entière. Elle est alors broyée et les miettes sont dispersées sur le champ.

Les grains de blé seront déchargés dans une remorque et transportés jusqu'au moulin, puis stockés dans de grands silos.

RAMASSER LA PAILLE

La paille comprend les tiges sèches et les épis vidés de leurs grains. Après la moisson, elle est aspirée puis pressée en balles ou en bottes.

On attelle au tracteur un engin : la presse. Le tracteur avance, et la presse se remplit de paille, qu'elle comprime en balle. Quand la presse est pleine, elle déclenche l'arrêt du tracteur. La paille est alors automatiquement entourée d'un film en plastique.

On trouve aussi des bottes de paille comme celle-ci.

Quand la balle est formée et bien liée, le rideau de la presse s'ouvre et la balle de paille est éjectée sur le champ. Le rideau se referme et le tracteur peut repartir. La presse se remplit à nouveau de paille.

Les balles de paille seront stockées dans un hangar. Elles serviront de litière pour les animaux de la ferme. L'agriculteur peut aussi vendre sa récolte à d'autres fermiers ou à des éleveurs de chevaux.

Deux tracteurs arrivent sur le champ moissonné. À l'arrière du premier, on a attelé une remorque. À l'avant du second, on a monté un chargeur qui va soulever les balles avant de les déposer dans la remorque.

Le tracteur arrive au hangar. Le fermier manœuvre les fourches du chargeur. Elles saisissent les balles une à une et les empilent jusqu'au toit du bâtiment.

LES CÉRÉALES

Les céréales sont des plantes qui poussent en épis et dont on récolte les graines. On en cultive de nombreuses sortes. En voici quelques-unes.

Avec le blé, on fait de la farine, qui sert à fabriquer du pain ou des gâteaux, de la semoule ou des pâtes.

Avec l'avoine, on prépare les flocons du petit déjeuner. C'est aussi la nourriture que l'on donne aux chevaux.

On mange le maïs en grains ou en farine. C'est avec des grains de maïs soufflés que l'on fait le pop-corn.

Le riz pousse la tête au soleil et les pieds dans l'eau. Il nourrit des millions d'hommes dans le monde.

LA CROISSANCE DU GRAIN DE BLÉ

À partir d'un grain de blé qui germe dans la terre humide, on obtient un épi de blé bien mûr qui donne plein de nouveaux grains.

1. La germination
La graine gonfle et se fend.
Une première racine apparaît.

2. La levée
Une tige perce la terre.
Les racines se développent.

3. Le tallage
La première tige pousse et d'autres apparaissent.

4. La montaison
Au sommet de la tige, l'épi commence à se former.

5. L'épiaison
Dans l'épi, les grains de blé vont grossir.

6. La floraison
Les épis sont tous formés et grossissent.

7. La maturation
Les grains deviennent tout jaunes après 4 à 7 mois.

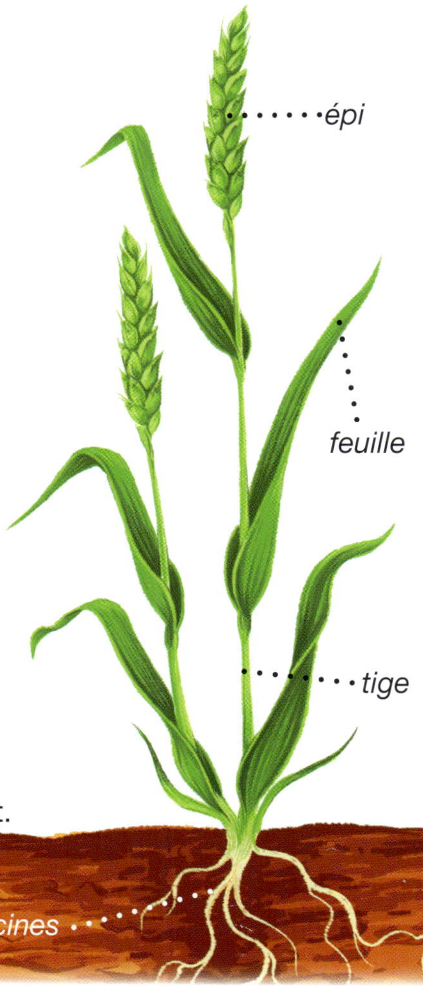

DU GRAIN DE MAÏS À L'ÉPI

Les tiges de maïs poussent très haut. Elles ont besoin de beaucoup d'eau. Le fermier les coupe en automne, quand les épis sont mûrs.

Les grains sont semés et germent dans la terre. On garde les plus beaux plants et on arrache les autres pour faire de la place.

La fleur mâle se forme en haut de la tige (1). Plus bas sur la tige, les longues soies de la fleur femelle apparaissent (2).

Le pollen des fleurs mâles va se poser sur les soies des fleurs femelles : c'est la fécondation. Elle peut se faire sur la même plante ou d'une plante à une autre.

La fleur femelle se transforme en grains et l'épi grossit peu à peu. Les grains de l'épi sont bien enveloppés dans une sorte de cornet.

Cent jours environ après le semis, l'épi est doré. Il est prêt à être récolté.

LA RÉCOLTE DU MAÏS GRAIN

Les grains de maïs sont récoltés par une moissonneuse-batteuse équipée d'un outil qui détache les épis des tiges : le cueilleur-épanouilleur.

La moissonneuse déracine les tiges, puis des rouleaux détachent les épis. Sous le cueilleur, des broyeurs réduisent les tiges en miettes et les répandent sur le champ. Dans la machine, les grains sont détachés de l'épi et stockés dans la trémie.

Quand la réserve du cueilleur est pleine de grains, la machine se dirige vers une remorque. Les grains remontent dans une goulotte et sont déversés dans la remorque. Le maïs sera ensuite stocké dans des séchoirs.

LA RÉCOLTE DU MAÏS FOURRAGE

Contrairement au maïs grain, le maïs fourrage est récolté avant d'être mûr. Transformé en ensilage, il sert de nourriture aux animaux l'hiver.

LA CULTURE DU RIZ

Le riz a besoin de chaleur et d'humidité pour pousser. Il est cultivé dans les rizières, des parcelles de terre reliées à un cours d'eau par des canaux.

Après le labour, le sol est soigneusement nivelé (aplati) avec une lame attelée à un tracteur et guidée par un laser.

Au printemps, on fait circuler l'eau dans les canaux. La rizière se couvre d'au moins 10 centimètres d'eau.

Pour que l'herbe ne pousse pas, on répand de l'herbicide par hélicoptère ou avec un tracteur équipé d'un pulvérisateur.

Au printemps, ce tracteur muni de roues de fer répand les grains contenus dans l'épandeur rouge.

Après le semis, on fait s'écouler une partie de l'eau. Le soleil réchauffe la rizière et les graines germent plus facilement. On surveille le niveau de l'eau tout au long du développement de la plante.

À la fin de l'été, la rizière s'est peu à peu asséchée. Les grains de riz sont récoltés par une moissonneuse-batteuse. Ils sont envoyés à la rizerie pour être stockés dans des silos. Puis ils seront séchés, triés. Certains seront décortiqués et blanchis.

En Asie, dans les régions montagneuses, les rizières sont le plus souvent disposées en terrasses. Pour irriguer les cultures, l'eau descend du sommet et circule dans les canaux. Des murets de pierre soutiennent les parcelles cultivées.

LE COLZA

Le colza est souvent semé entre deux cultures de blé. Il limite la pousse des mauvaises herbes et empêche les insectes de s'installer.

Les graines de colza sont semées avant l'automne. Au début du printemps, les champs de colza sont en fleur. La moisson commence au début de l'été.

Avec les graines de colza, on produit de l'huile.

Mélangée à la paille de maïs, la paille de colza sera donnée en fourrage aux animaux.

LE TOURNESOL

Le tournesol est reconnaissable à ses grandes fleurs, qui ressemblent à un soleil. Sa tige peut atteindre 2 mètres de haut !

Les graines de tournesol sont semées au printemps. Une fois le grain formé, les feuilles et la tige s'assèchent. Il est temps de récolter les nombreuses graines qui garnissent le cœur de la large fleur.

Les jeunes plants se tournent vers le soleil tout au long de la journée, ce qui a donné leur nom : « tourne-sol ». Ce phénomène permet à la plante de profiter au maximum de la lumière et de bien se développer.

Le tournesol est cultivé pour ses graines. Comme pour le maïs, on peut aussi couper la plante encore verte et en faire du fourrage pour les animaux.

Quand le tournesol est bien mûr, la moissonneuse coupe les tiges, détache les fleurs et recueille les graines dans les becs cueilleurs.

Certaines variétés de graines de tournesol se mangent crues ou encore rôties. D'autres variétés sont pressées pour produire de l'huile alimentaire. On en trouve aussi dans le savon, et même dans le biocarburant utilisé à la place de l'essence.

FAIRE LES FOINS

En mai et juin, l'herbe est fauchée puis retournée sur le pré pour mieux sécher. Elle deviendra du foin, que l'on compressera en rouleaux.

Le tracteur tire la faucheuse, une machine équipée d'une grande lame très coupante. L'herbe fauchée retombe sur le pré.

Juste après la fauche, une faneuse est attelée au tracteur. Elle retourne l'herbe pour l'aérer grâce à des sortes de dents tournant à toute vitesse.

Le foin est un excellent fourrage : l'hiver, il sert de nourriture aux animaux de la ferme pour remplacer l'herbe verte des prés qu'ils consomment l'été.

Une andaineuse est ensuite attelée au tracteur. Des râteaux tournent autour d'un axe et rassemblent l'herbe en bandes régulières : les andains. Laissée à l'air libre, l'herbe séchera vite et la mise en bottes sera plus rapide.

La presse à balles ramasse l'herbe séchée et la comprime sous forme de bottes rectangulaires qui seront stockées dans un hangar.

L’ENSILAGE EN SILO

Au début du printemps, on peut aussi couper l’herbe pour la conserver en silo. Cela donne un fourrage qui a plus de goût que le foin.

Quand l’herbe est suffisamment haute, la faucheuse peut la couper sans emporter trop de terre. L’ensileuse ramasse l’herbe, la hache, puis la projette dans la remorque. Elle sera transportée à la ferme et déchargée dans les silos.

Le silo, c’est parfois simplement un sol bétonné sur lequel on dépose l’herbe (1). Celle-ci est soigneusement tassée par les roues du tracteur, puis recouverte d’une bâche (2). L’herbe peut aussi être stockée dans de hauts silos-tours (3).

L’ENSILAGE EN BALLES RONDES

L’herbe peut être stockée en balles rondes. On utilise des machines puissantes, car l’humidité de l’herbe rend les balles très lourdes.

La ramasseuse-presse coupe l’herbe et l’aspire. L’herbe est alors hachée, pressée en balle et enrubannée dans du plastique très résistant.

La balle ronde sera chargée sur une remorque puis empilée sur d’autres balles. Ce type d’ensilage peut être conservé pendant un an.

LA CULTURE DES LÉGUMES

Les maraîchers cultivent les légumes soit en plein champ, soit sous un abri : un film plastique bien solide ou une serre que l'on peut chauffer.

1. En plein champ : de nombreux légumes, poireaux, carottes, choux ou salades, sont cultivés à l'air libre.

2. Sous un tunnel plastique : un film recouvre la terre et les semis. Graines et plantes sont protégées des insectes, du froid et des fortes pluies. Les légumes peuvent être récoltés plus tôt.

3. Sous serre : les légumes fragiles comme les aubergines, les tomates, les melons, les concombres, les courgettes peuvent être cultivés sous serre. Ils sont alors protégés du froid, du gel, du vent, des insectes et poussent plus vite.

DES RACINES ET DES BULBES

Certains légumes sont cultivés pour leur partie souterraine : ils font de grosses réserves de nourriture dans une racine ou dans un bulbe.

LES RACINES

1. La racine du céleri-rave se mange crue (râpée) ou cuite.

2. La racine du radis se mange crue. Ses feuilles (les fanes) se mangent cuites.

3. La racine de la carotte peut se manger crue ou cuite.

4. La racine de la betterave se mange crue et râpée, ou cuite et froide.

5. La racine du navet se mange cuite, souvent avec d'autres légumes.

LES BULBES

1. Le fenouil est mangé cru ou cuit. Il a un bon goût d'anis.

2. L'échalote crue est émincée dans les vinaigrettes. Cuite, elle parfume les sauces.

3. L'oignon se mange cru ou cuit. Quand on l'épluche, il pique les yeux !

4. Dans une tête d'ail, on trouve plusieurs gousses dont il faut ôter la peau avant de les consommer.

LES ENDIVES DE PLEINE TERRE

La graine d’endive donne une plante dont on récolte les racines. On cultive la racine afin d’obtenir de gros bourgeons blancs.

On sème les graines de chicorée en mai. Pendant l’été, on désherbe régulièrement entre les rangs. Les racines se développent sous terre. En automne, on déterre les racines et on enlève les feuilles, parfois à l’aide d’une machine.

Les racines sont ensuite placées dans des cagettes remplies de tourbe. Les cagettes sont conservées au chaud, à l’abri de la lumière. De gros bourgeons se développent peu à peu. On les coupe avant qu’ils ne fleurissent : ce sont les endives.

UNE BONNE GRAINE : LA FÈVE

Les fèves sont de petites graines ovales contenues dans une enveloppe, la cosse. Elles se mangent crues ou cuites.

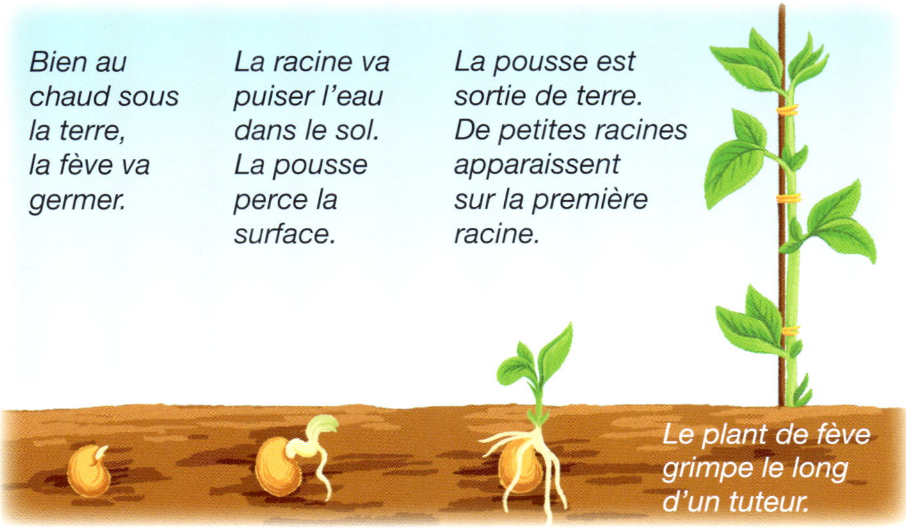

Au cœur des fleurs, des cosses vont se former.

Les fèves sont semées d'octobre à avril, selon les régions, car ces graines se développent plus lentement s'il fait trop chaud. Elles sont récoltées généralement trois à quatre mois après le semis. Attention, les pucerons raffolent de ces plantes !

Les pétales sont tombés et les jeunes fèves ont grossi dans les cosses. On peut les cueillir. Après la cueillette, les fèves vertes et tendres sont détachées de leur cosse. Une fois séchées, elles se garderont jusqu'en hiver.

PETITS POIS ET HARICOTS

Les petits pois sont des graines qui ont grandi dans une longue enveloppe, la gousse. Les haricots verts sont de jeunes gousses encore tendres.

On cueille les gousses de petits pois lorsqu'elles sont encore vertes et très tendres. Il faut les ouvrir (les « écosser ») pour en sortir les graines.

haricots blancs

haricots rouges

Quant au haricot vert, c'est sa gousse que l'on mange. Elle est cueillie avant que ses graines ne grossissent. Si on laisse les gousses de certaines variétés sécher sur la plante et les graines se développer, on obtient des haricots blancs ou rouges.

PETITS CHOUX ET GROS CHOUX

Les choux appartiennent à une famille nombreuse. Selon les espèces, on mange leurs feuilles, leurs fleurs, et parfois même leurs bourgeons !

C'est la fleur blanche du chou-fleur que l'on consomme.

Les choux de Bruxelles sont des bourgeons qui poussent sur la tige.

La tête du brocoli est composée de petites fleurs.

Le cœur du chou vert est fait de feuilles bien resserrées.

SEMER LA POMME DE TERRE

Le plant, c'est une pomme de terre germée. Il contient des réserves de nourriture qui permettent aux tiges et aux feuilles de grandir sous terre.

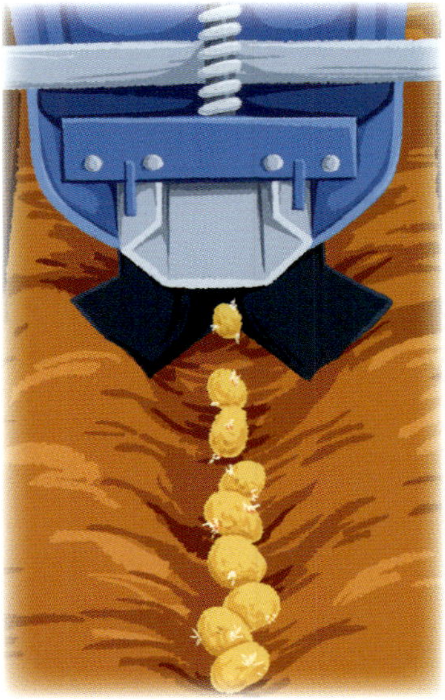

Pour déposer les plants dans les sillons, on attelle au tracteur une machine, la planteuse de pommes de terre.

Puis on fait passer la butteuse, qui recouvre les plants de pommes de terre d'un monticule de terre : c'est le buttage. Ainsi, les plants se développeront à l'abri de la lumière.

LA CROISSANCE DE LA POMME DE TERRE

Sous terre, les germes de la pomme de terre plantée se développent et finissent par percer la surface du sol. La plante grandit et fleurit.

Les germes puisent leur nourriture dans la pomme de terre.

À la lumière du jour, les tiges se couvrent de feuilles.

Le plant est en fleur. Sous terre, la pomme de terre se ratatine. Jusqu'à 20 tubercules se développent. Ce sont les nouvelles pommes de terre.

RÉCOLTER LA POMME DE TERRE

Les plants sont en terre au printemps. La plante fleurit en été. Les tubercules qui ont grossi sous terre sont récoltés en automne.

C'est le temps de la récolte : l'arracheuse passe dans les rangs de pommes de terre. Elle les soulève et les envoie dans la remorque.

LA BETTERAVE SUCRIÈRE

On cultive des betteraves potagères pour les manger crues ou cuites. La betterave sucrière est cultivée pour le sucre stocké dans sa racine.

La graine est semée au printemps, la plante est récoltée à l'automne. L'effeuilleuse-arracheuse déterre les racines et coupe les feuilles.

Les betteraves sont chargées dans les remorques et partent à la sucrerie, où l'on travaille jour et nuit pour en extraire le sucre.

FRUITS OU LÉGUMES ?

Les aliments ci-dessous sont considérés comme des légumes, mais en réalité ce sont des fruits, qui naissent de la transformation d'une fleur.

des aubergines

des poivrons

des courgettes

un avocat

des concombres

un potiron

des tomates

DE LA FLEUR AU FRUIT : LA TOMATE

Quand un plant de tomates sort de terre (1), les feuilles apparaissent et poussent sur la tige (2 et 3). Des boutons de fleur vont se former (4). Après la chute des pétales, les fleurs grossissent (5) jusqu'à devenir des tomates vertes, puis rouges (6).

DIFFÉRENTES VARIÉTÉS DE TOMATES

cœur-de-bœuf

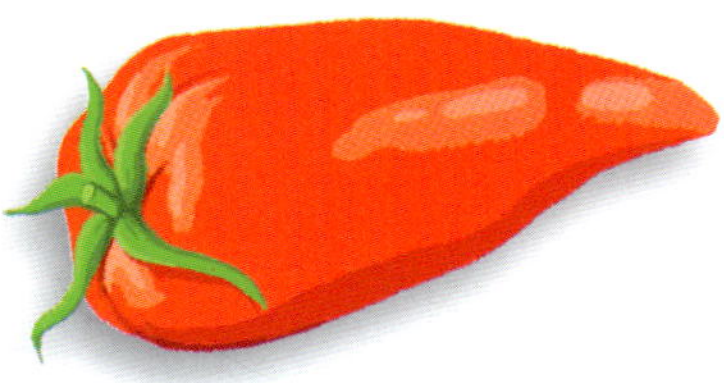
cornue des Andes

roma

mirabelle

green zebra

noire de Crimée

ananas

LA CULTURE DES TOMATES SOUS SERRE

Dans la serre, la lumière passe à travers les vitres et réchauffe l'air. La température moyenne est de 18 °C. Tout est contrôlé par ordinateur.

S'il fait trop chaud, des brumisateurs envoient de fines gouttelettes d'eau. L'hiver, il faut parfois utiliser un système de chauffage.

LA CULTURE DE FRAISES EN PLEINE TERRE

Avant de planter les pieds de fraisier, le maraîcher forme des buttes de terre assez larges. Il marchera entre les buttes lors de la récolte.

Le pied de fraisier, avec sa motte de terreau (en médaillon), est planté en pleine terre. Pour éviter la pousse des mauvaises herbes, le cultivateur étale entre les plants de la paille ou un mélange de bois broyé et de terreau.

Ici, le maraîcher a recouvert le sol d'une bâche de plastique. Il l'a ensuite percée tous les 30 cm environ, afin de planter les fraisiers. Le sol reste humide et les mauvaises herbes sont étouffées. Des fleurs vont apparaître.

Les abeilles, qui volent de fleur en fleur, chargent leurs pattes de pollen, qu'elles laisseront tomber au cœur d'une autre fleur. Celle-ci sera fécondée et son cœur se transformera en fruit. Ce sera une belle fraise !

Les plants sont parfois cultivés sous un tunnel en plastique. Ils sont ainsi protégés de la pluie et de la grêle.

On ne cueille que les fraises bien rouges. C'est un travail long et fatigant : il faut se baisser ou se mettre à genoux.

LA CULTURE DE FRAISES EN JARDINS SUSPENDUS

Ces fraises sont cultivées en serre, à l'abri du vent et de la pluie. Les pots sont posés dans des gouttières, à hauteur des cueilleurs.

Les pousses de fraisier sont plantées dans un mélange de tourbes bien nourrissant.

Les pots sont installés sur les gouttières. Ils sont espacés pour mieux recevoir la lumière.

Une ruche de bourdons est introduite dans la serre afin de polliniser les fleurs. Les insectes ne sont pas agressifs.

La culture en jardins suspendus facilite le soin des plantes et la cueillette : pas besoin de se baisser pour ramasser les fraises. La plante est nourrie par un système de goutte-à-goutte, qui permet d'économiser l'eau.

On sépare les fleurs et les feuilles : c'est le peignage. Les fleurs ont plus de lumière et les bourdons s'y posent plus facilement. En saison, la cueillette se fait chaque jour. On décroche délicatement les fraises bien rouges.

Les fraises sont mises en barquette et rapidement livrées aux marchands de fruits.

L'ARTICHAUT : UN LÉGUME-FLEUR

Si l'artichaut en fleur ressemble à un chardon géant, c'est parce qu'ils sont cousins. Mais l'artichaut se mange et ne pique pas !

Les plants sont placés à bonne distance dans une terre enrichie de fumier et d'algues. Les feuilles de l'artichaut sont larges et ciselées. Sa tige peut atteindre 2 mètres de haut et supporte le poids de la « tête d'artichaut ».

Voici un bouton d'artichaut. Le cœur est protégé par des poils : le foin. Il est entouré de sortes de feuilles.

Si on ne le cueille pas pour le manger, le bouton se transforme en grosse fleur violette.

LES FRUITS

Un fruit contient une seule graine, le noyau, ou plusieurs graines, les pépins. L'enveloppe dure des fruits secs protège les graines.

DES FRUITS À NOYAU

des pêches

des litchis

des cerises

des prunes

des abricots

DES FRUITS SECS

des noix

des châtaignes

des noisettes

DES FRUITS À PÉPINS

des oranges

un coing

une poire

des figues

des kiwis

des pamplemousses

une pastèque

du raisin

LES VERGERS

Le verger est l'endroit où l'on plante toutes sortes d'arbres fruitiers. Il existe plusieurs manières de disposer les arbres dans un pré.

Ces arbres hauts et larges sont suffisamment espacés et leur feuillage capte la lumière. Il faut s'équiper d'échelles pour la cueillette.

Ici, les branches sont attachées à des supports solides pouvant résister au poids des fruits. Elles sont basses pour faciliter la cueillette.

DANS LE VERGER DE POMMIERS

Les nouvelles plantations de pommiers sont réalisées pendant l'automne. Puis, jusqu'à la récolte, il faudra prendre soin des arbres.

L'hiver, la taille permet de garder la forme du pommier. On coupe aussi les branches qui ne donneront pas de fruits.

Pendant le printemps et l'été, de grands filets protègent les fleurs puis les fruits en cas de grêle.

Revoilà l'automne. Les pommes sont posées une à une dans un sac de cueillette, puis versées dans de grands caissons. Entre deux rangs de pommiers, les allées sont assez larges pour faciliter le passage.

NAISSANCE D'UNE POMME

1. Le bourgeon abrite les feuilles toutes neuves.

2. Au printemps, le bourgeon éclate et les feuilles se déplient.

3. Les boutons de fleurs apparaissent.

4. Les pétales de la fleur sont ouverts. Une abeille s'y pose. Elle récolte sur ses pattes une sorte de poussière jaune, le pollen.

5. L'abeille a déposé le pollen au cœur d'une autre fleur. Une petite pomme va alors se former sous les pétales.

6. La fleur du pommier se fane. La pomme grossit et s'arrondit.

7. Sur cette jeune pomme, on remarque les restes de la fleur.

DIFFÉRENTES SORTES DE POMMES

LA RÉCOLTE DES POMMES À CIDRE

Pour ramasser rapidement les pommes qui servent à la fabrication de jus ou de cidre, on utilise le plus souvent des machines.

Toutes les pommes ne sont pas encore au sol. Pour faire tomber celles qui restent dans l'arbre, on attelle au tracteur un vibreur. Les bras de l'engin agrippent le tronc et l'agitent fortement.

La ramasseuse rassemble les pommes tombées par terre. Dans la machine, les feuilles sont séparées des fruits et rejetées à l'extérieur. Les pommes remontent sur un tapis roulant pour être déchargées dans une remorque.

L'OLIVE

L'olivier est un arbre qui peut vivre mille ans ! On récolte ses fruits pour les manger ou les écraser afin d'en extraire de l'huile.

On peut ramasser les olives lorsqu'elles sont encore vertes. Si on les laisse mûrir sur l'arbre, elles deviennent violettes, puis noires.

Les olives sont cueillies à la main ou à l'aide de peignes qui rabattent les fruits dans un filet. Certains peignes sont électriques et vibrent.

Quand les oliviers sont assez grands et que les allées sont larges, on peut utiliser une machine équipée d'un grand réceptacle qui facilitera la cueillette sans abîmer les olives ni les arbres. En voici un exemple.

L'engin se dirige vers l'olivier. Le réceptacle va encercler l'arbre. Ainsi, on ne marchera pas sur les olives qui tomberont au sol.

Les cueilleurs arrivent avec leurs peignes vibreurs électriques. En quelques minutes, 30 à 40 kilos d'olives tombent dans le réceptacle !

L'ÉLEVAGE

LA VACHE

La vache est élevée pour le lait qu'elle produit, pour le veau qu'elle a chaque année et pour sa viande, vendue en boucherie.

La vache enroule sa langue autour d'une touffe d'herbe avant de l'avaler. Elle rumine : l'herbe passe une première fois dans son estomac, puis revient dans sa bouche sous forme de boulette. La vache la mâche et l'avale à nouveau.

TAUREAU ET BŒUF

Le taureau est le mâle de la vache. C'est le père des veaux. Il vit le plus souvent seul dans son pré, car il est très agressif.

On pose un anneau dans le nez du taureau et on le maintient à l'aide d'un licol. Cela permet de passer une longe pour déplacer ou attacher la bête.

Si le mâle est opéré pour ne pas avoir de petits plus tard, il devient un bœuf robuste et musclé qui sera vendu pour sa viande. Dans certains pays du monde, sa force est encore utilisée pour tirer de lourdes charges.

RACES BOVINES

Vache et taureau appartiennent à la famille des bovins.
Les petits sont les veaux. Le veau femelle est appelé génisse.

vache prim'holstein

vache normande

vache montbéliarde

vache bretonne pie noir

vache lourdaise

vache abondance

Selon les races, la couleur de la robe varie. Un éleveur choisit soit une race réputée pour donner un lait abondant et de bonne qualité, soit une race qui donne une viande excellente.

vache charolaise

vache rouge des prés

vache salers

vache limousine

vache blonde d'Aquitaine

vache highland

L'ÉLEVAGE DE LA VACHE LAITIÈRE

Dans beaucoup d'élevages, les vaches passent la belle saison au pré et l'hiver dans un bâtiment équipé pour loger le troupeau : l'étable.

Au pâturage, les vaches se nourrissent d'herbe. Elles vont à l'abreuvoir pour boire. Chaque vache boit au moins 70 litres d'eau par jour.

Pour nourrir les vaches, le fermier déverse du tourteau de colza. Puis il déroule le fourrage : du foin et parfois de l'ensilage d'herbe ou de maïs.

POUR QUE LA VACHE AIT DU LAIT

Une vache ne produit du lait que si elle est maman. Pendant les cinq à sept ans de sa vie de vache laitière, elle aura un veau chaque année.

À 3 ans, la génisse, comme on appelle la vache qui n'a pas encore eu de petit, rencontre un papa taureau. Ils s'accouplent et un bébé se développe dans le ventre de la maman. Neuf mois plus tard, le veau naît.

Le pis de la vache est gonflé de lait. Le veau tète.

La vache est conduite en salle de traite : son lait partira à la laiterie.

TRAIRE LES VACHES

Traire une vache, c'est tirer le lait contenu dans son pis, comme le fait un veau qui tète. La traite a lieu deux fois par jour, matin et soir.

Quand les vaches arrivent dans la salle de traite, chacune trouve sa place. Dès que la traite est finie, le fermier nettoie la salle et le matériel.

4. Le lait circule dans les tuyaux jusqu'à une grosse cuve réfrigérante, le tank.

5. Un camion vient chercher le lait pour le livrer à la laiterie.

Pour les grands troupeaux, il existe des salles de traite rotatives. Elles permettent de traire plus de vaches en moins de temps.

L'ÉLEVAGE DU VEAU

L'éleveur surveille attentivement les petits veaux. Pour qu'ils grandissent en bonne santé, la litière doit être propre et l'étable bien aérée.

Le veau est né. Sa maman le lèche pour le nettoyer. Le veau va téter le premier lait, très nourrissant.

On pose des boucles d'identification aux oreilles du veau. On y lit son numéro. L'une des boucles est électronique.

Le veau est séparé de sa mère le jour de sa naissance, ou un peu après, et nourri au biberon.

Puis il apprend à boire dans un seau. Certains seaux sont dotés d'une tétine pour que le veau continue à téter.

Dès l'âge de 2 semaines, les veaux reçoivent de la nourriture solide : du foin et du fourrage vert. La ration de lait quotidienne est peu à peu diminuée.

Les premiers jours qui suivent sa naissance, le veau doit si possible être gardé dans un box isolé, à l'abri des courants d'air et des microbes. Après une semaine, en revanche, il est préférable de regrouper les veaux afin qu'ils puissent bouger plus librement et qu'ils aient de la compagnie.

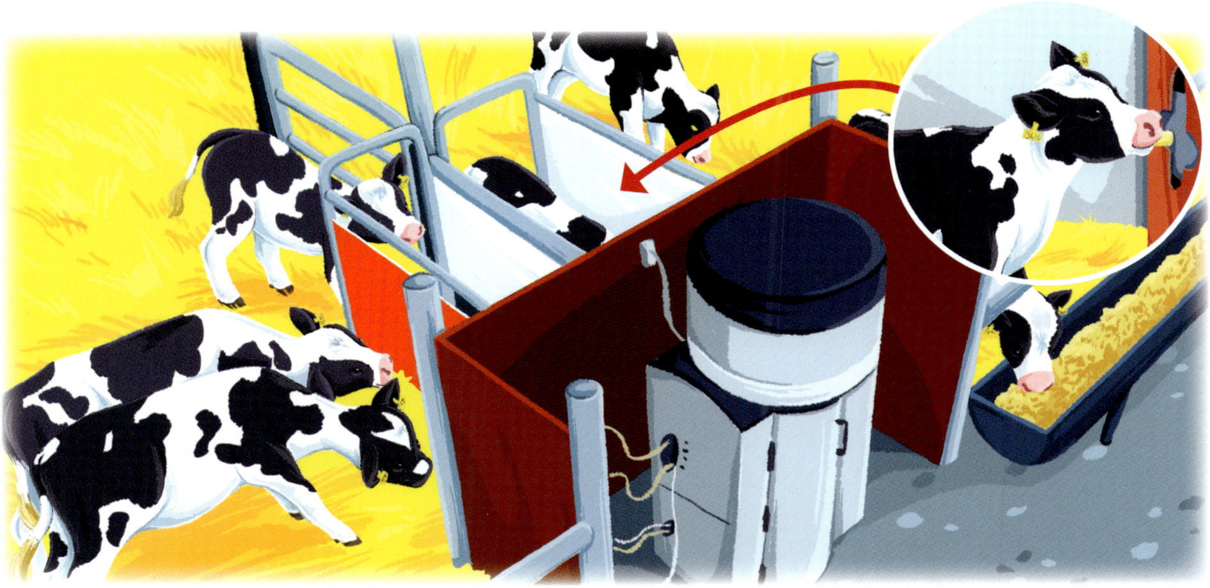

Les éleveurs peuvent choisir des machines qui distribuent automatiquement le lait. Le veau passe dans un box spécial ; il est aussitôt identifié grâce à sa boucle d'oreille électronique. La machine sert la ration calculée pour lui.

BÉLIER, BREBIS ET AGNEAU

Les moutons ne sont pas tous blancs et frisés. Certains ont la tête noire et un corps blanc, d'autres sont tout noirs.

Le mouton mâle, c'est le bélier. Il a des cornes. Le mouton femelle, c'est la brebis. Au printemps, elle donne naissance à un ou deux agneaux.

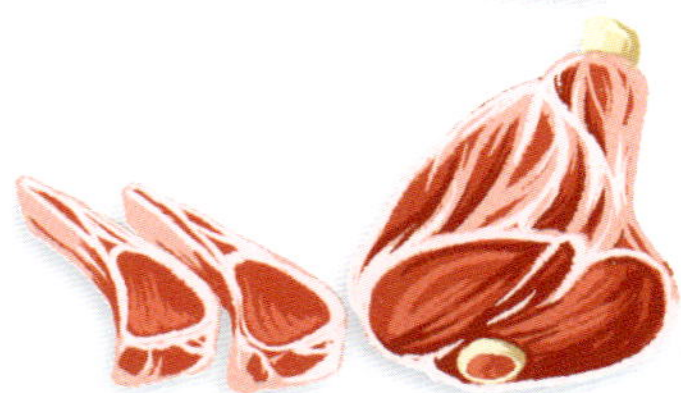

Les moutons sont élevés pour leur laine, leur viande et le lait des brebis, avec lequel on fait du fromage comme le roquefort.

RACES DE MOUTONS

mouton Lacaune

brebis causses du Lot

bélier mérinos d'Arles

mouton suffolk

mouton d'Ouessant

brebis noire du Velay

mouton jacob

brebis racka (de Hongrie)

Brebis, bélier et agneau sont des ruminants, comme la vache : toute la journée, ils broutent de l'herbe, mangent des feuilles ou de jeunes rameaux. Ils rentrent à la bergerie le soir ou lorsqu'il fait froid.

Les moutons vivent en troupeau. Ils aiment rester groupés. Le soir, ils s'endorment les uns contre les autres.

L'hiver, ils mangent surtout du foin. Ils dorment sur de la paille.

Ils aiment aussi lécher des pierres de sel. C'est bon pour leurs os.

TONDRE LA LAINE DES MOUTONS

Les moutons sont tondus une ou deux fois par an. La toison de laine d'un mouton peut peser 4 à 5 kilos ! Elle sera lavée, démêlée et filée.

Avant la tonte

Après la tonte

La tonte a lieu au début du printemps. Ainsi, la laine repoussera avant l'hiver et le mouton sera protégé du froid.

On utilise une tondeuse électrique, ou encore des ciseaux. Le berger maintient le mouton entre ses jambes. Il tond d'abord la laine des pattes et des jambes, puis le reste de la toison. En cinq minutes environ, toute la laine est enlevée.

LA TRANSHUMANCE

En montagne, lorsqu'il fait chaud dans la plaine et que l'herbe jaunit, les troupeaux sont conduits dans les pâturages, où ils passeront tout l'été.

De nos jours, les animaux sont transportés en bétaillère et débarqués le plus près possible des pâturages. Mais certains bergers continuent à emmener les troupeaux à pied, traversant parfois les villages.

Chaque éleveur choisit un signe et une couleur pour marquer ses animaux. Le berger peut garder jusqu'à 2 000 moutons appartenant à des propriétaires différents. Son chien l'aide à rassembler le troupeau.

BOUC, CHÈVRE ET CHEVREAU

Boucs, chèvres et chevreaux se régalent d'herbe, de bourgeons et de fleurs. Ils ruminent : l'herbe revient dans la bouche pour être remâchée.

La chèvre donne naissance à un ou deux chevreaux chaque année. Dans le pré, les petits reconnaissent leur mère à sa voix et à son odeur.

Les boucs dégagent une forte odeur. Ils se battent parfois à coups de cornes ! Celui qui gagne devient le chef.

La chèvre est très agile et peut se déplacer sur les rochers escarpés. Elle grimpe parfois dans les arbres.

RACES DE CHÈVRES

Les éleveurs choisissent les meilleures laitières. Parfois ils élèvent des chèvres plus rares, qui s'adaptent bien à la vie dans leurs pâturages.

chèvre saanen

chèvre alpine

chèvre des Pyrénées

chèvre poitevine

chèvre angora

chèvre des fossés

chèvre rove

chèvre boer

À LA CHÈVRERIE

Quand elles quittent les pâturages, les chèvres sont à l'abri dans la chèvrerie. Elles vont chaque jour en salle de traite pour donner leur lait.

En salle de traite, chaque chèvre fournit plus de deux litres de lait par jour. L'éleveur peut traire une quarantaine de chèvres en une heure. Le lait est transformé à la ferme ou dans une laiterie pour fabriquer du fromage ou des yaourts.

Les chevreaux sont rapidement séparés des mamans chèvres après leur naissance. Ils s'habituent à téter un biberon donné par la fermière. Parfois, c'est une machine qui distribue le lait. On l'appelle la louve.

VERRAT, TRUIE ET PORCELET

Maman truie, papa verrat et leurs nombreux bébés porcelets font partie de la famille cochon. On les appelle aussi des porcs.

Excepté pendant la période de reproduction, le verrat ne vit pas avec les truies.

Le cochon mange tout ce qu'on lui donne : maïs, pommes de terre cuites, farine… Avec son groin, il sait déterrer racines, insectes et vers.

La truie qui allaite est parfois maintenue dans une cage pour ne pas écraser ses petits.

La truie peut avoir au moins dix porcelets deux fois par an. À la naissance, chaque porcelet cherche sa tétine. Il boira toujours à la même, qu'il reconnaît à l'odeur. S'il manque une tétine, le petit sera adopté par une autre mère ou nourri au biberon.

RACES DE PORCS

Tous les porcs ne sont pas roses ! Ils n'ont pas non plus la même taille. On les reconnaît aussi à la position des oreilles : droites ou tombantes.

porc landrace

porc piétrain

porc basque

porc large white

Nustrale

porc cul-noir
du Limousin

porc blanc de l'Ouest

porc gascon

L'ÉLEVAGE DES PORCS

Les porcs sont élevés pour leur chair. On connaît le jambon, mais toutes les parties du corps sont consommées, même les pieds et les oreilles !

Avec la chair du cochon, on fait du saucisson, du jambon... Les poils, appelés soies, se retrouvent dans les pinceaux. La gélatine (une sorte de gelée obtenue en faisant bouillir la peau du porc) se retrouve dans les bonbons et certains gâteaux.

La truffe est un très bon champignon qui pousse sous la terre. Les porcs ont un très bon flair. Certains sont dressés pour déterrer les truffes : ils les flairent et creusent la terre à leur recherche. L'éleveur les saisit avant que le porc ne les mange !

Les cochons sont sociables. Dans l'élevage, on peut faire cohabiter plusieurs races. L'éleveur leur distribue des granulés ou des farines qui contiennent des céréales : du blé, du maïs, de l'orge.

Ces porcs vivent la plupart du temps dehors. Une cabane au sol couvert de paille leur sert d'abri en cas de pluie, de froid ou de forte chaleur.

Les porcs aiment se rouler dans la boue. Elle les protège du soleil et des piqûres d'insectes.

Ils apprécient la compagnie d'autres cochons. Ils aiment dormir les uns contre les autres ou contre un mur.

Les porcs ne sont pas tous élevés en plein air. Dans certains élevages, ils restent dans un abri, appelé porcherie. Celui-ci est grand et bien éclairé.

Le sol de la porcherie est recouvert de paille. Elle sert de couchage et doit être souvent changée. L'éleveur enlève régulièrement le mélange de déjections et de paille : c'est le fumier, qui va ensuite servir d'engrais.

Dans certains bâtiments, le sol est en caillebotis. Les déjections des porcs s'écoulent dans les trous. Mélangées à l'eau de lavage, elles forment le lisier, qui est stocké dans de grandes cuves avant d'être épandu dans les champs comme engrais.

COQ, POULE ET POUSSIN

Ce sont des oiseaux, mais ils ne volent que pour gagner leurs perchoirs. Ils ont peur des rapaces, et aussi des renards qui rôdent la nuit !

Ici, coq et poules vivent dans un poulailler, tout près de la maison des fermiers. Comme elles n'ont pas de dents, les poules avalent des cailloux qui broient la nourriture dans leur gésier. Elles aiment les graines et les vers de terre.

Le coq est le mâle des poules. Tôt le matin, il réveille les habitants du poulailler en chantant « cocorico ».

Les petits sont les poussins. Dès qu'ils sortent de l'œuf, ils se nourrissent seuls mais suivent la poule partout.

QUELQUES RACES DE POULES

L'ÉLEVAGE DES POULES ET DES POULETS

Les poules vivent soit en plein air, soit en batterie. Elles sont élevées pour leurs œufs. Chacune en pond 200 à 300 par an.

Pendant la journée, ces poules qui sont élevées en plein air sortent sur un parcours en partie couvert d'herbe. Elles peuvent gratter le sol pour chercher les vers et picorer les grains. À la nuit tombée, elles retrouvent leurs perchoirs et leurs pondoirs.

Les poulets sont de jeunes poules ou coqs élevés pour leur chair. Certains évoluent en plein air, d'autres sont rassemblés par milliers dans de grands hangars fermés et éclairés grâce à la lumière artificielle.

Les poules élevées en plein air regagnent le poulailler pour pondre, manger ou dormir. Elles peuvent aller et venir librement. Dans les élevages importants, la nourriture et l'eau sont distribuées automatiquement.

Dans les élevages de poules pondeuses, il n'y a pas de coq. Les œufs qu'elles pondent ne donneront pas de poussins. Ils sont destinés à l'alimentation. L'accès aux nichoirs n'est possible que pendant la ponte, pour éviter de salir les œufs.

L'ÉLEVAGE DE POULES EN CAGE

Dans d'autres élevages, les poules ne sortent jamais. Elles sont enfermées dans des cages où elles ont peu d'espace pour bouger.

Ces cages sont alignées en longues rangées : les batteries. Une machine distribue la nourriture. Le sol est incliné et les œufs roulent sur une bande de transport. Ils arrivent dans une salle où ils sont lavés et triés.

Les poules mangent des graines et des compléments qui apportent des vitamines. La distribution de nourriture est automatisée. L'eau arrive dans un petit tube équipé d'une valve. Ainsi elle est toujours propre et fraîche.

CANARD, CANE ET CANETON

Les canards sont des oiseaux élevés pour leur viande. Le mâle a des couleurs vives. Sa femelle, la cane, donne naissance aux canetons.

Les canards ont besoin d'eau pour barboter. Ils y plongent l'avant du corps à la recherche de vers et de têtards. La nuit, ils regagnent leur abri.

canard de Barbarie

canard de Pékin

canard duclair

canards coureurs indiens

canard cayuga

canards de Rouen

L'ÉLEVAGE DES CANARDS

On peut aussi élever les canards pour produire du foie gras. Le canard reçoit dès la naissance une nourriture riche.

Quand les canetons sont âgés de deux à trois semaines, ils ont accès à un parcours extérieur. Ils y grandissent pendant trois mois environ.

Les jeunes canards sont ensuite placés dans un bâtiment bien aéré et équipé pour le gavage. Soit ils ont une cage chacun, soit ils sont plusieurs dans la même. Ils y restent dix à dix-sept jours. Ils sont nourris matin et soir avec du maïs en grains ou broyé.

JARS, OIE ET OISON

Attention aux oies ! Elles pincent avec leur bec. Elles vivent en troupeau avec le mâle, appelé jars, et les bébés oisons.

Les oies marchent en balançant leur derrière : elles se dandinent. Les mâles et les femelles gardent ensemble leurs petits.

Le jars peut s'accoupler avec une ou plusieurs femelles.

Les oies crient en cas de danger. On dit qu'elles cacardent.

RACES D'OIES DOMESTIQUES

On élève l'oie pour sa chair, pour les petites plumes qui couvrent son ventre (le duvet) et aussi, comme le canard, pour produire du foie gras.

DINDONS, DINDES ET DINDONNEAUX

Le mâle, c'est le dindon. La femelle, c'est la dinde.
Ils sont élevés pour leur chair en plein air ou en batterie.

Dindes et dindons se régalent de graines et de vers de terre. Ils apprécient aussi l'herbe et les feuilles. En batterie, on leur distribue des granulés et des farines. Sur leur tête, on voit des peaux rosées qui pendent sur le bec et sur la gorge : les caroncules. Elles sont plus volumineuses chez le mâle.

Le dindon est le plus gros oiseau de la basse-cour. Pour plaire à la dinde, il parade : il fait la roue en écartant les plumes de sa queue. Les petits du dindon et de la dinde s'appellent les dindonneaux.

LES PINTADES ET LES PIGEONS

À la ferme, les pigeons volent librement et regagnent le pigeonnier pour y trouver abri et nourriture. Les pintades ne quittent pas la volière !

Certaines pintades sont élevées de manière intensive dans de grands hangars sans fenêtre. D'autres sont élevées en plein air ; elles ont accès à un parcours extérieur. Elles picorent des graines et déterrent des vers. On leur donne une pâtée contenant de la farine de maïs et d'orge.

Le pigeon se nourrit de graines. Il aime aussi les petits escargots. Dans le pigeonnier, chaque couple a son casier. La femelle pond deux œufs, qu'elle va couver pendant 18 jours. Le mâle la relaie de temps en temps.

LAPIN, LAPINE ET LAPEREAU

Jusqu'à six fois par an, la lapine met au monde une portée qui compte environ huit lapereaux. À leur naissance, ils sont aveugles et sourds.

La lapine a tapissé son nid avec les poils les plus doux de son ventre. Les petits aiment creuser dans le foin pour s'y cacher bien au chaud. Ils dorment une grande partie de la journée. Les lapereaux d'une même portée n'ont pas toujours la même couleur.

À onze jours, les lapereaux commencent à ouvrir les yeux. Leur poil s'allonge et leur donne de la chaleur. Ils sont vifs et jouent dans le nid.

RACES DE LAPINS

On trouve des lapins de différentes tailles et de différentes couleurs. Certains ont le poil très long et tout doux.

lapin géant papillon

lapin géant des Flandres

lapin grand russe

lapin fauve de Bourgogne

lapin argenté de champagne

lapin angora

L'ÉLEVAGE DES LAPINS

On élève le lapin principalement pour sa chair, parfois en batterie. Quelques rares espèces sont encore choisies pour leur fourrure.

Les lapins sont élevés dans un clapier au sol couvert de litière. Les mâles sont isolés. La lapine, elle, partage la cage avec ses petits. On leur donne souvent des granulés nourrissants. Ils aiment aussi les carottes, les feuilles de salade, le pain sec ou les pelures de légumes.

Ces lapins, élevés en agriculture biologique, vivent dans des cages mobiles. Ils disposent d'un abri et d'un espace avec de l'herbe qu'ils peuvent grignoter et sur laquelle ils peuvent gambader. Le grillage les protège des animaux. L'éleveur déplace régulièrement la cage.

PAGES INTERACTIVES

Toutes ces pages te permettent de vérifier tes connaissances. Mais en utilisant l'application gratuite sur tablette tactile ou smartphone, elles vont s'animer et tu accéderas à de nombreuses activités interactives et ludiques.

L'imagerie de la ferme

Disponible sur App Store

DISPONIBLE SUR Google play

C'est magique !

PAGE INTERACTIVE

CHERCHE L'ERREUR

Dans cette ferme, il y a 8 erreurs. Trouve-les et montre les vignettes qui doivent les remplacer.

PAGE INTERACTIVE

VÉRIFIE TES CONNAISSANCES

Tu as appris beaucoup de choses sur l'agriculture et l'élevage au fil des pages de cette imagerie. Essaie de répondre aux questions.

1

Quelle grosse machine est utilisée pour couper le blé et qui permet de récolter les grains qui serviront à faire de la farine ?

La traite des vaches ne se fait plus manuellement. Comment s'appelle la machine utilisée par les fermiers ? Des robots sont aussi employés. Le fermier n'a plus à intervenir. Vrai ou faux ?

2

3

Le poussin se développe dans l'œuf pendant 3 semaines. Quand il est prêt à sortir, que fait-il ? Il casse la coquille avec son bec ou il pousse de petits cris pour que la poule l'aide ?

Réponses : 1. la moissonneuse-batteuse - 2. une trayeuse / vrai - 3. Il casse la coquille avec son bec.

PAGE INTERACTIVE

AVEC QUOI SONT FAITS CES PRODUITS ?

Relie chaque produit aux animaux ou aux plantes à partir desquels il a été fait. Attention, certains produits peuvent avoir la même origine !

PAGE INTERACTIVE

DU CHAMP DE BLÉ AU PAIN

Compare les images de gauche à celles de droite et tu découvriras les différentes étapes du champ de blé au pain, autrefois et aujourd'hui.

Labourer le champ

Semer les grains de blé

Moissonner

Moudre la farine

Pétrir la pâte et cuire le pain

FRUIT OU LÉGUME ?

Parmi les produits ci-dessous, lesquels sont des fruits ? Lesquels sont des légumes ? Pas toujours facile de répondre !

CLASSE LES FRUITS

PAGE INTERACTIVE

Les fruits peuvent être classés
en groupes. Découvre-les.

Fruits à noyaux

Fruits à pépins

Graines

PAGE INTERACTIVE

CLASSE LES LÉGUMES

Les légumes peuvent être classés en groupes. Découvre-les.

Racines

Feuilles

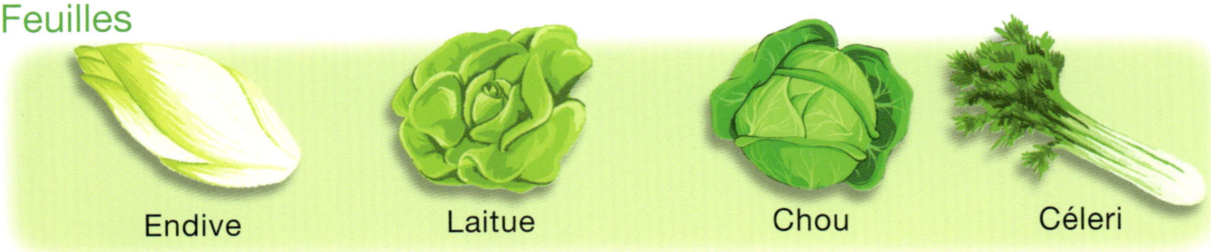

Bulbes

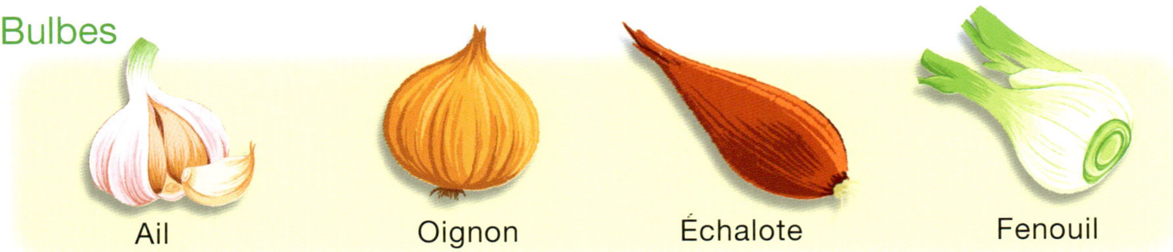

Tubercules

Gousses

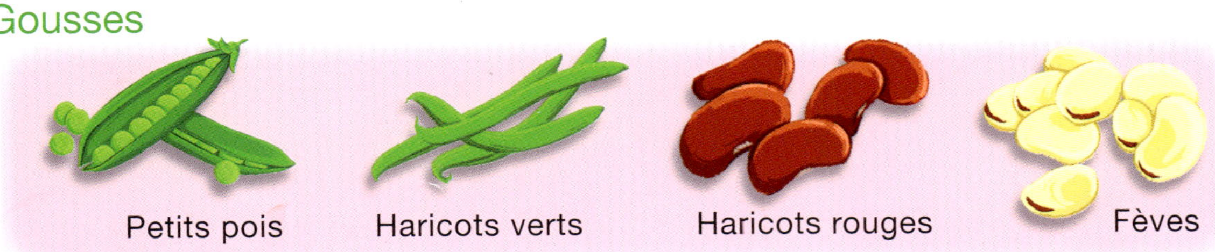

ÉTRANGES ANIMAUX

Essaie de reconnaître à partir de quels animaux de la ferme ont été créées ces trois étranges créatures.

Illustrations : Mélopée

PAGE INTERACTIVE

OH ! LE BEAU PETIT VEAU !

La vache a eu un petit veau.
Combien de temps l'a-t-elle gardé dans
son ventre ? Que fait-il ? Miam ! Ça a l'air bon !

MDS : 188813N1
ISBN 978-2-215-144-861

Dépôt légal à la date de parution.
Conforme à la loi n° 49-956 du 16 juillet 1949
sur les publications destinées à la jeunesse.
Imprimé en Italie (08/16).